FÜR

VON

Der rote Faden
No. 26

ISBN 978-3-649-60543-0

Textsammlung von Daniela Kuhlmann
Textsatz & grafische Gestaltung: Albert Bartel, echtwert.de/sign

www.coppenrath.de

DIE SONNE LACHT FÜR DICH

Genieße
das Leben!

COPPENRATH

Glück

Glück ist gar nicht mal so selten,
Glück wird überall beschert,
vieles kann als Glück uns gelten,
was das Leben uns so lehrt.

Glück ist jeder neue Morgen,
Glück ist bunte Blumenpracht,
Glück sind Tage ohne Sorgen,
Glück ist, wenn man fröhlich lacht.

Glück ist eine stille Stunde,
Glück ist auch ein gutes Buch,
Glück ist Spaß in froher Runde,
Glück ist freundlicher Besuch.

Glück ist niemals ortsgebunden,
Glück kennt keine Jahreszeit,
Glück hat immer der gefunden,
der sich seines Lebens freut.

Clemens Brentano

Das Glück des Lebens setzt sich
aus winzigen Kleinigkeiten zusammen –
den kleinen, bald vergessenen Wohltaten eines Kusses
oder Lächelns, eines freundlichen Blicks,
eines von Herzen kommenden Kompliments –,
zahllosen, unendlich kleinen Dosen
angenehmer und belebender Freuden.

Samuel Taylor Coleridge

Begeistere dich für das Leben.
Das bloße Gefühl, zu leben, ist Freude genug.

Emily Dickinson

Nur ein Mensch von höchster und glücklichster
geistiger Ausgeglichenheit versteht es,
auf eine Weise fröhlich zu sein, die ansteckend wirkt,
das heißt unwiderstehlich und gutmütig.

Fjodor Michailowitsch Dostojewskij

Heiterkeit des Herzens schließt wie der Frühling
alle Blüten des Inneren auf.

Jean Paul

Gibt es eine bessere Form, mit dem Leben
fertig zu werden, als mit Liebe und Humor?

Charles Dickens

Sie möchten gern lachen – aber tun Sie es doch!
Die Welt ist durchaus nicht zu ernst dazu.
Sie ist weder ernst noch lächerlich,
sondern in jedem Kopf und in jeder Sekunde
anders, anders, anders.

Christian Morgenstern

Ist das Leben nicht hundertmal zu kurz
für die Langeweile?

Friedrich Nietzsche

Sonnenschein ist köstlich, Regen erfrischt,
Wind kräftigt, Schnee erheitert.
Es gibt kein schlechtes Wetter,
es gibt nur verschiedene Arten von gutem.

John Ruskin

Ein Optimist ist jemand, der die Wolken nicht sieht,
weil er auf ihnen spazieren geht.

Gerald G. Jampolsky

Schreib es dir ins Herz, dass jeder Tag der beste ist.

Ralph Waldo Emerson

Bin gerad nicht blöd, bin gerad nicht hell,
ich bin ein lustiger Gesell
und trinke Wasser, trinke Wein
und lasse fünfe gerade sein.
Erst stopf ich mir mein Pfeifchen,
dann pfeif ich mir ein Lied.
Vormittags hab ich Hunger,
nachmittags Appetit.

Ich wandre durch die weite Welt,
die mir ausnehmend gut gefällt,
und schlaf im Bette, schlaf im Stroh,
denn sterben tut sich's sowieso.
Erst stopf ich mir mein Pfeifchen,
dann pfeif ich mir ein Lied,
und hab ich gerade nicht Hunger,
dann hab ich Appetit.

Kommt geradewegs ein Dirndl her,
trägt einen Korb mit Äpfeln schwer,
ihr Fuß ist nackt, ihr Kleid ist rau,
doch ist ihr Auge treu und blau.
Erst stopf ich mir mein Pfeifchen,
dann pfeif ich mir ein Lied.
Auf die Äpfel hab ich Hunger,
auf das Dirndl Appetit.

Alfred Lichtenstein

Glück bedeutet im Wesentlichen,
ein Ziel zu haben und es mit ganzem Herzen
und ohne Bedauern oder Zögern anzusteuern.

William Sheldon

Die Lebenslust hat nicht den Grund im bloßen Sein,
im steten Werden liegt des Lebens Reiz allein.

Friedrich Wilhelm Güll

Es geht nicht darum, dem Leben mehr Tage
zu geben, sondern den Tagen mehr Leben.

Cicely Saunders

„Carpe diem", hat einmal jemand gesagt.
Das heißt auf Deutsch: Freue dich, solange du
gesund bist, ob das nun mit Sechseläuten und Jass
oder Tanz und Fastnacht oder Reisen und Toiletten
oder Rosen und Kamelien geschieht, einerlei;
das muss jeder selber am besten wissen.
Aber wer im Frühling darüber jammert, dass später der
Herbst kommt, oder von einem schönen Mädchen ächzt,
dass sie einmal Großmutter wird, oder von einem
hübschen Gärtchen jeremiaut, dass es möglicherweise
einmal erfriert, der ist ein Schwachmatikus.

Carl Spitteler

Wenn das Leben dir Zitronen gibt,
mach Limonade draus.

Joan Collins

Das Leben ist bezaubernd, man muss es nur
durch die richtige Brille sehen.

Alexandre Dumas

Mit dem Leben ist es wie mit einem Theaterstück:
Es kommt nicht darauf an,
wie lang es ist, sondern wie bunt.

Lucius Annaeus Seneca

Man darf nicht verlernen, die Welt mit den Augen
eines Kindes zu sehen.

Henri Matisse

Wer wollte sich mit Grillen plagen,
solang uns Lenz und Jugend blühn?
Wer wollt in seinen Blütentagen
die Stirn in düstre Falten ziehn?

Wie wunderschön ist Gottes Erde
und wert, darauf vergnügt zu sein;
drum will ich, bis ich Asche werde,
mich dieser schönen Erde freun.

Ludwig Christoph Heinrich Hölty

Das Leben ist wundervoll.
Es gibt Augenblicke, da möchte man sterben.
Aber dann geschieht etwas Neues
und man glaubt, man sei im Himmel.

Edith Piaf

Das Leben schwer nehmen ist leicht,
das Leben leicht nehmen ist schwer!

Lebensweisheit

Die wahre Lebenskunst besteht darin,
im Alltäglichen das Wunderbare zu sehen.

Pearl S. Buck

Das Leben besteht aus vielen kleinen Münzen,
und wer sie aufzuheben weiß, hat ein Vermögen.

Jean Anouilh

Wenn du Begeisterungsfähigkeit in dir hast,
dann hast du einen sehr tatkräftigen und wirksamen
Reisebegleiter auf deinem Weg.

Loretta Young

Riskiere etwas! Kümmere dich nicht
um die Meinung anderer. Tu das,
was dir am schwersten fällt:
Handle aus eigenem Antrieb. Sei wahrhaftig!

Katherine Mansfield

Das Leben ist eine Chance, nutze sie.
Das Leben ist Schönheit, bewundere sie.
Das Leben ist ein Traum, mach daraus Wirklichkeit.
Das Leben ist eine Herausforderung, stell dich ihr.
Das Leben ist ein Spiel, spiele es.
Das Leben ist kostbar, geh sorgfältig damit um.
Das Leben ist ein Reichtum, bewahre ihn.
Das Leben ist Liebe, erfreue dich an ihr.
Das Leben ist ein Rätsel, durchdringe es.
Das Leben ist ein Versprechen, halte es.
Das Leben ist ein Abenteuer, wage es.
Das Leben ist Glück, verdiene es.
Das Leben ist Leben, verteidige es.

Mutter Teresa

Egal, wie alt du bist oder wie du lebst –
du bist etwas Besonderes und Einzigartiges.
Weil du bist, wie du bist, hat dein Leben Bedeutung.

Barbara de Angelis

Leben, das ist das Allerseltenste in der Welt –
die meisten Menschen existieren nur.

Oscar Wilde

Was ist das Leben? Es ist das Aufblitzen
eines Glühwürmchens in der Nacht.
Es ist der Atem eines Büffels im Winter.
Es ist der kleine Schatten, der über das Gras huscht
und im Sonnenuntergang verschwindet!

Blackfoot

Soll mir die Freude am Leben gedeihn,
so bad ich im stillen Quartiere.
Den Leib in Wasser, die Kehle im Wein,
die Seele in guter Lektüre.

Rudolf Presber

Gott, was ist Glück!
Eine Grießsuppe, eine Schlafstelle und
keine körperlichen Schmerzen – das ist schon viel.
Das Glück, wenn es mir recht ist, liegt in zweierlei:
darin, dass man ganz da steht, wo man hingehört,
und zum zweiten und besten in einem
behaglichen Abwickeln des ganz Alltäglichen,
also darin, dass man ausgeschlafen hat und
dass einen die neuen Stiefel nicht drücken.
Wenn einem die 720 Minuten eines zwölf-
stündigen Tages ohne besonderen Ärger vergehen,
so lässt sich von einem Tage unter einem
glücklichen Stern sprechen.

Theodor Fontane

Ich leb, ich weiß nit wie lang.
Ich sterb und weiß nit wann.
Ich fahr und weiß nit wohin.
Mich wundert, dass ich fröhlich bin.

Volksgut

Lebensfreude ist die beste Kosmetik.

Anonym

Ein glückliches Leben ist eine Perlenkette
von glücklichen Momenten.

Elke Heidenreich

Freude ist das Leben,
durch einen Sonnenstrahl hindurch gesehen.

Carmen Sylva

Das wunderbarste Märchen ist das Leben selbst.

Hans Christian Andersen

Leicht zu leben ohne Leichtsinn,
heiter zu sein ohne Ausgelassenheit,
Mut zu haben ohne Übermut –
das ist die Kunst des Lebens.

Theodor Fontane

Mach's wie die Engel: Nimm dich leicht!
Dann kannst du vielleicht sogar fliegen.

Anonym

Wenn man ohne Flügel geboren wurde,
darf man sie nicht am Wachsen hindern.

Coco Chanel

Lerne tanzen – sonst wissen die Engel im Himmel
mit dir nichts anzufangen.

Aurelius Augustinus

Lass dich auf die Freude ein. Streck die Hände aus
und greif zu, wenn sie vorbeiläuft.

Carl August Sandburg

Freude soll nimmer schweigen,
Freude soll offen sich zeigen,
Freude soll lachen, glänzen und singen.
Freude soll danken ein Leben lang.
Freude soll dir die Seele durchschauern.
Freude soll weiterschwingen.
Freude soll dauern ein Leben lang.

Joachim Ringelnatz